BEI GRIN MACHT SICH IHR WISSEN BEZAHLT

AF143525

- Wir veröffentlichen Ihre Hausarbeit,
  Bachelor- und Masterarbeit

- Ihr eigenes eBook und Buch -
  weltweit in allen wichtigen Shops

- Verdienen Sie an jedem Verkauf

Jetzt bei www.GRIN.com hochladen und kostenlos publizieren

Sportanlagen- und Sportstättenmanagement

Michelle Stettinski

Bibliografische Information der Deutschen Nationalbibliothek:

Die Deutsche Nationalbibliothek verzeichnet diese Publikation in der Deutschen Nationalbibliografie; detaillierte bibliografische Daten sind im Internet über http://dnb.d-nb.de abrufbar.

ISBN: 9783389022238
Dieses Buch ist auch als E-Book erhältlich.

Druck und Bindung: Books on Demand GmbH, Norderstedt Germany
Gedruckt auf säurefreiem Papier aus verantwortungsvollen Quellen

Das vorliegende Werk wurde sorgfältig erarbeitet. Dennoch übernehmen Autoren und Verlag für die Richtigkeit von Angaben, Hinweisen, Links und Ratschlägen sowie eventuelle Druckfehler keine Haftung.

Das Buch bei GRIN: https://www.grin.com/document/1472080

Deutsche Hochschule für
Prävention und Gesundheitsmanagement
Hermann-Neuberger-Sportschule 3
66123 Saarbrücken

Name, Vorname	Stettinski, Michelle
Studiengang	Sportökonomie
Studienmodul	Sportanlagen- und Sportstättenmanagement
Datum Präsenzphase (siehe Ergebnisdokumentation)	16.10.2022 – 18.10.2022

Inhaltsverzeichnis

1 Sportanlagen- und Sportstättenbau

Die folgende Tabelle zeigt die Schritte beim Bau einer Sportstätte mit der geplanten Dauer in Monaten.

Tabelle 1: Die Schritte zum Bau einer Sportstätte

	Phase	Dauer in Monaten	Vorgänger	Nachfolger
A	Markt- und Bedarfsanalyse	2	/	B
B	Standortwahl	1	A	C, D
C	Sportverhaltens- und Nutzeranalyse	3	B	E
D	Raumprogramm- und Fluktuations-analyse	1	B	E
E	Konzeptualisierung mit Kostenschätzung und Betriebskostenanalyse	4	C, D	F
F	Machbarkeit und Finanzierung klären	6	E	G
G	Planung und Festlegung der Baudetails	8	F	H
H	Realisierung des Baus	14	G	I
I	Betrieb der Sporthalle	>12	H	/

Diese Schritte werden im Folgenden mithilfe der PLANNET-Technik, sowie der Netzplantechnik grafisch dargestellt.

Bei der PLANNET-Technik handelt es sich um eine grafische Darstellung der zeitlichen Planung, welche in Form eines Balkendiagramms dargestellt wird. „PLANNET" steht dabei für PLANing und NETworking (Mroß, 2011, S.149). In der folgenden Abbildung sehen sie die angewandte PLANNET-Technik für die oben aufgeführten Schritte.

Abbildung 1: PLANNET-Technik

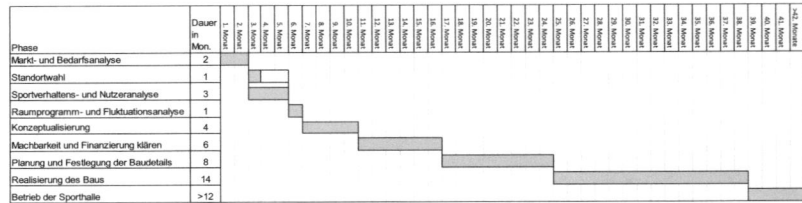

Neben der PLANNET-Technik kann für die grafische Darstellung auch die Netzplantechnik genutzt werden. Diese Technik ist ähnlich aufgebaut, umfasst jedoch neben der zeitlichen Planung auch die Steuerung und Ablaufkontrolle komplexerer Projekte. Der folgende Netzplan beschränkt sich jedoch auf die zeitliche Planung der Prozessschritte.

Abbildung 2: Netzplan für den Bau der Sportstätte

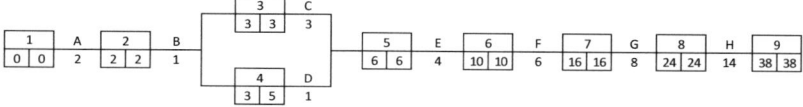

Diese Techniken bringen außerdem den Vorteil, dass die Dauer des Projekts einfach abgelesen werden kann. In diesem Fall würde der Bau der Sportstätte 38 Monate dauern.

2 Kommunale Sportentwicklungsplanung

2.1 Grundformel zur Berechnung des Sportstättenbedarfs

Die Grundformel zur Berechnung des Sportstättenbedarfs lautet:

$$\text{Sportstättenbedarf} = \frac{\text{Sportbedarf (Sportler x Häufigkeit x Dauer) x Zuordnungsfaktor}}{\text{Belegungsdichte x Nutzungsdauer x Auslastungsfaktor}}$$

Der Sportbedarf setzt sich aus den Parametern Sportler, Häufigkeit und Dauer zusammen. Unter dem Begriff Sportler sind alle Personen der Bevölkerung zu verstehen, welche die betreffende Sportanlage nutzen werden.

Die Häufigkeit beschreibt, wie oft der Sportler seinen Sport pro Woche ausübt.

Mit dem Begriff Dauer ist der durchschnittliche zeitliche Umfang gemeint, welchen der Sportler für die jeweilige Sportart aufbringt.

Mit Zuordnungsfaktor ist der jeweilige Anteil einer Sportart an einer Sportanlage gemeint. Der Wert liegt dabei immer zwischen 0 und 1.

Mit der Belegungsdichte wird die Anzahl der Sportler ausgedrückt, welche dieselbe Sportart zeitgleich ausführen.

Die Nutzungsdauer erfasst die gesamte Anzahl an Stunden pro Woche, in welchen die Sportanlage für eine der jeweiligen Sportarten genutzt werden kann.

Der Auslastungsfaktor gibt Auskunft über die Auslastung der Sportanlage zu einem bestimmten Zeitpunkt. Der Faktor kommt zustande, indem die tatsächliche Auslastung mit der maximalen Auslastung ins Verhältnis gesetzt wird.

2.2 Berechnung des Sportstättenbedarfs

Die folgende Tabelle enthält die Daten, welche für die Berechnung des Sportstättenbedarfs in Mannheim relevant sind.

Tabelle 2: Der Fußballsport in Mannheim

Sportler	Häufigkeit (je Woche)	Dauer (Std. pro Einheit)	Zuordnungsfaktor	Sportstättenbedarf	Belegungsdichte	Nutzungsdauer (Std./Woche)
24.000	1,5	1,8	0,5	70	25	30

Im Folgenden wird die Formel zur Berechnung des Sportstättenbedarfs genutzt, um den Auslastungsfaktor, sowie den Sportstättenbedarf im Bereich Fußball für die Stadt Mannheim zu berechnen.

$$\text{Sportbedarf} = 24.000 \times 1,5 \times 1,8$$
$$= 64.800$$

$$\text{Auslastungsfaktor} = (64.800 \times 0,5) / (70 \times 25 \times 30)$$
$$= 0,62$$

Somit beträgt der Sportbedarf der Stadt Mannheim 64.800 bei einem Auslastungsfaktor von 0,62.

2.3 Förderinteressen

„Während die Bundesregierung ausschließlich den Breitensport fördert, besitzen die Bundesländer und Kommunen lediglich Förderinteressen am Spitzensport"

Die zuvor aufgeführte Aussage kann nicht bestätigt werden, da insbesondere der Spitzensport auf internationaler Ebene eine äußerst wichtige Rolle für das Image eines Landes spielt. Ein deutliches Beispiel für die Macht von Spitzensport für die Politik, ist der aktuelle Fall von Sportswashing bei der Fußballweltmeisterschaft in Katar. Der Begriff „Sportswashing" beschreibt den Vorgang in Krisensituationen über sportliche Ereignisse von Missständen im Land abzulenken und das internationale Image zu verbessern. Die Austragung der Fußballweltmeisterschaft hat insbesondere in diesem Fall enorme politische Auswirkungen auf das Land. Dies ist ein Beispiel dafür inwiefern der Spitzensport von höchstem Interesse für die Bundesregierung in Deutschland, sowie auch für die Regierung anderer Länder sein kann.

Ein weiterer Grund dafür, dass der Spitzensport äußerst interessant ist, sind die enorm hohen Umsätze, die in erster Linie die Spitzensportvereine erzielen. Allein im Jahr 2020 lag der Umsatz der umsatzsteuerpflichtigen Sportvereine bei 6,4 Milliarden Euro, allein die Fußballbundesliga machte in der Saison 2017/18 einen Umsatz von 3.810 Millionen Euro. Somit bietet der Spitzensport neben der Möglichkeit der internationalen Imageverbesserung auch einen gewinnbringenden Wirtschaftszweig, von dem die Bundesregierung auf verschiedenen Wegen profitiert.

Da sich die positiven Effekte des Spitzensports auf die Bundesregierung indirekt auch auf die Kommunen und Länder auswirken, besteht somit auch ein Interesse der Länder und Kommunen am Erfolg des Spitzensports. Hier muss sich jedoch eher die Frage gestellt werden, ob die finanziellen Mittel oder der Einfluss der Länder und Kommunen überhaupt ausreicht, um den Spitzensport voranzubringen oder eine Förderung auf dieser Ebene gar nicht erst möglich für diese ist.

Realistischer ist eine Förderung des Breitensports durch die Länder und Kommunen, da diese näher an den Vereinen und Verbänden dran sind und auch die finanziellen Mittel in diesem Rahmen einen tatsächlichen Mehrwert für die Sportler bieten können. Auch die positiven Effekte einer gut ausgebauten Vereinskultur wirken sich direkter auf die Kommunen und Länder aus als beispielsweise das gute Image Deutschlands in der Welt. Diese Effekte können beispielsweise die Verbesserung des allgemeinen Gesundheitszustands der Bevölkerung, die Erhöhung des Bekanntheitsgrads einer Region oder auch der Nutzen aus der Integrations-, sowie der Sozialisations- und Erziehungsfunktion des Sports (Heinemann, 1998) sein. Und auch diese Effekte wirken sich ebenso auf die Länder und Kommunen, sowie als Folge auch auf die Bundesregierung aus.

Zusammenfassend kann gesagt werden, dass die oben aufgeführte Aussage nicht bestätigt werden kann. Sowohl die Bundesregierung als auch die Länder und Kommunen profitieren sowohl vom Spitzensport als auch vom Breitensport und haben somit ein Interesse an beidem. Welche Partei welchen Bereich des Sports mehr fördert, wird eher durch die finanziellen Mittel und die Einflussbereiche dieser entschieden.

3 Finanzierung und Betrieb von Sportanlagen

3.1 Investition und Finanzierung

Um den Kapitalwert, sowie den Barwert der gegebenen Investitionen zu errechnen, wird im Folgenden die Kapitalwertmethode angewandt.

Abbildung 3: Formel der Kapitalwertmethode

$$KW_0 = -I_0 + \sum_{t=1}^{n} \frac{C_t}{(1+i)^t} + \frac{R_n}{(1+i)^n}$$

In der folgenden Tabelle werden alle gegebenen Investitionen und Finanzierungen aufgezählt.

Tabelle 3: Auflistung der Investitionen und Finanzierung

Angaben	Betrag
Investitionsausgaben	3.000.000 €
Instandhaltungskosten	100.000 (netto) Jährlicher Anstieg um 3 %
Mehreinnahmen	60.000 € p.a. (brutto) 50.420 € p.a. (netto) Jährlicher Anstieg um 15 %
Einnahmen durch Schulsport	1.000 € (netto) p.m. 12.000 € (netto) p.a.
Laufzeit	5 Jahre
Kapitalzinssatz	12 %
Kapitalwert	Gesucht

Nun wird die Kapitalwertmethode zur Errechnung des Kapitalwerts angewandt.

$$KW0 = -3.000.000 + (50.420 + 12.000) - (100.000) \times (1+0,12)1 +$$
$$(57.938 + 12.000) - (103.000) \times (1+0,12)2 +$$
$$(66.680,45 + 12.000) - (106.090) \times (1 + 0,12)3 +$$
$$(68.680,85 + 12.000) - (109.272,7) \times (1+0,12)4 +$$
$$(78.983 + 12.000) - (112.550,881) \times (1+0,12)5$$

$$KW0 = -3.109.661,16$$

3.2 Auslastungsanalyse einer Sportanlage

Im Folgenden wird eine Auslastungsanalyse einer Sportanlage vorgenommen, dazu wird die maximal mögliche Nutzung der Anlage mit dem tatsächlichen Umfang der Nutzung verglichen. Eine optimale Nutzung wird angestrebt, um einen möglichst hohen Kostendeckungsgrad zu erreichen und außerdem, um den Bürgern eine Grundversorgung mit Sport zu ermöglichen.

Tabelle 4: Kennzahlen der Auslastung einer Sportanlage

Belegungszeitraum	Belegung (Spo / A)			
	Stunden	Sportart	Ist- Belegungs-dichte	Soll- Belegungs-dichte
Montag 17:00 – 18:30 Uhr	1,5 h	Handball	14	12
Dienstag 20:00 – 21:30 Uhr	1,5 h	Keine Belegung	-	15
Mittwoch 19:00 – 21:30 Uhr	2,5 h	Basketball	15	20
Donnerstag 20:00 – 22:00 Uhr	2h	Fußball	18	15
Freitag 19:00 – 20:00 Uhr	1 h	Badminton	5	15
Maximale Nutzungskapazität: 83 %				

Im Folgenden werden einige Kennzahlen der Auslastung der Sportstätte ermittelt.

Soll-Nutzungsdauer: Addition aller Nutzungsstunden der Sportanlage

$$= 1,5 + 1,5 + 2,5 + 2 + 1$$
$$= 8,5$$

Die Soll-Nutzungsdauer der Sportanlage beträgt 8,5 h pro Woche.

Ist-Nutzungsdauer: Addition aller tatsächlich genutzten Stunden der Sportanlage

$$= 1,5 + 1,5 + 2,5 + 2 + 1 - 1$$
$$= 7$$

Die Ist-Nutzungsdauer der Sporthalle beträgt 7 h pro Woche.

Soll-Sportler: Addition der Soll-Belegungsdichte multipliziert mit der Soll-Dauer.

$$= (12 \times 1,5) + (15 \times 1,5) + (20 \times 2,5) + (15 \times 2) + (15 \times 1)$$
$$= 135,5$$

Die Anzahl der Soll-Sportler beträgt 135 Personen pro Woche.

Ist-Sportler: Addition der Ist-Belegungsdichte multipliziert mit der Ist-Dauer.

$$= (14 \times 1,5) + (0 \times 1,5) + (15 \times 2,5) + (18 \times 2) + (5 \times 1)$$
$$= 99,5$$

Die Anzahl der Ist-Sportler beträgt 99 Personen pro Woche.

Berechnung Auslastung: Ist-Sportler x 100 / Soll-Sportler ergibt: Auslastung in Prozent

$$= (99,5 / 135,5) \times 100$$

$$= 73,43\%$$

Die Auslastung der Sportstätte beträgt 73,43 %

Berechnung Reserve: Gewünschte Auslastung – Ist-Auslastung ergibt Reserve

$$= 83 - 73,43$$

$$= 9,57\%$$

Die Auslastungsreserve beträgt 9,57 %.

3.3 Auslastungsoptimierung

Um die Auslastung der Sportstätte zu optimieren, wäre es sinnvoll die Trainingszeiten einiger Gruppen zu tauschen. Sinnvoll wäre eine Verlegung der Badmintonspieler auf den Montag, sodass der Freitag ohne Belegung verbleibt, da es sich hierbei um eine kürzere Trainingszeit handelt.

Daraufhin würde die Gruppe der Handballer auf den Dienstag gelegt werden. Dies würde zu folgender Ist-Sportler Auslastung führen:

$$= (5 \times 1,5) + (14 \times 1,5) + (15 \times 2,5) + (18 \times 2) + (0 \times 1)$$

$$= 102$$

Durch diese Maßnahmen könnte die Anzahl der Ist-Sportler von 99 auf 102 erhöht werden. Somit könnte die Auslastung insgesamt von 73,43 % auf 75,28 % erhöht werden.

Zusammenfassen kann gesagt werden, dass durch eine Veränderung der Trainingszeiten die Auslastung optimiert werden kann, dies jedoch eine so geringfügige Verbesserung darstellt, dass andere Maßnahmen sinnvoller sein könnten.

3.4 Nachhaltigkeit von Sportstätten

Der Begriff der Nachhaltigkeit beinhaltet drei Kernaspekte, die Ökologie, die Ökonomie und Soziales. Um tatsächlich im Sinne der Nachhaltigkeit zu handeln, müssen alle drei Bereiche in die Planung miteinbezogen werden.

Unter dem Punkt Ökologie wird verstanden, dass die Anlage die Umwelt möglichst wenig belastet oder im besten Fall schützt und fördert. Dies kann z.B. durch eine Infrastruktur erreicht werden, welche den Zuschauern und Sportlern eine autofreie Anreise ermöglicht oder auch durch Gewinnung von Ökostrom über eine Photovoltaikanlage.

Ökonomie bezieht sich auf die langfristige Unternehmenssicherung, sowie eine möglichst hohe Wertschöpfung. Auch hierbei könnte eine Photovoltaikanlage eine Maßnahme zur Sicherung der ökonomischen Zielerreichung sein, ebenso wie vielfältige Nutzungsmöglichkeiten der Sportstätte, um mehr Einnahmen erzielen zu können.

Der Aspekt Soziales bezieht sich auf einen gerechten Zugang aller Bevölkerungsschichten und Chancengleichheit. Dies kann auch Maßnahmen zur sozialen Integration beinhalten, sowie die Förderung der sozialen Interaktion. Damit kann gemeint sein auch gemeinnützigen Vereinen oder Schulen einen Zugang zur Sportanlage zu ermöglichen.

Die Frage nach der Nachhaltigkeit von Sportstätten kommt somit in vielen Bereich zu tragen. Von der Bauplanung, über die Durchführung, dem Betrieb bis hin zum Abbau einer Sportanlage kann immer der Aspekt der Nachhaltigkeit mit einbezogen werden.

Um das Thema Nachhaltigkeit weiter auszuführen, wird mithilfe des Beispiels der Olympischen Spiele 2012 in London folgende Aussage diskutiert.

„Die nachhaltigsten Olympischen Spiele sind die, die gar nicht stattfinden."

Diese Aussage ist nur bedingt richtig, da sie nicht die Chancen und Möglichkeiten einer solchen Veranstaltung miteinbezieht. Unter dem ökologischen Aspekt kann durchaus festgehalten werden, dass eine solche Veranstaltung eine hohe Belastung für die Umwelt darstellt, welche durch ihr Ausbleiben vermieden werden könnten.

Da Nachhaltigkeit jedoch nicht ausschließlich auf dem ökologischen Aspekt aufbaut, sondern ein Konzept auch ökonomisch und sozial nachhaltig sein kann, muss diese Aussage differenziert betrachtet werden.

Die Nachhaltigkeit im Bereich der Ökonomie wurde im Rahmen der Olympischen Spiele in London z.B. dadurch umgesetzt, dass die Attraktivität für Sporttouristen während und vor allem auch nach den Spielen stark erhöht wurde. Außerdem dient das Stadion nun dem englischen Profi-Fußballverein West Ham United als Heimstadion, sowie als Austragungsort für andere sportliche Wettkämpfe und auch Konzerte. Demzufolge dient das Olympiastadion noch immer als eine profitable Einnahmequelle für die Veranstalter, sowie die Stadt London.

Doch der Nachhaltigkeitsgedanke wurde nicht nur im Rahmen der Ökonomie verfolgt, sondern auch im Bereich der Ökologie wurden einige Maßnahmen getroffen, um diese Spiele auch gut verträglich für die Umwelt zu machen. Zu diesen Maßnahmen gehörte die Nutzung von umweltschonenden Materialien, wie Holz aus zertifiziertem Anbau und Stahlseilen aus Recycling-Material. Auch bei der Konstruktion selbst wurden größte Einsparungen vorgenommen, wie z.B. bei der Nutzung von PVC für die Außenhülle und Dachkonstruktion, was dazu führte, dass dies die leichteste Konstruktion aller Olympiastadien wurde und so auch viel Material an anderer Stelle gespart werden konnte. Generell wurden zwei Millionen Tonnen Erdreich, welche von alten Fabriken durch Elemente wie Benzin, Teer, Öl, Arsen und Blei verseucht wurden, für den Bau der Stadien ausgehoben. Auch die 160.000 Tonnen Erde, die entfernt werden mussten, um Platz für die drei Olympiabecken zu schaffen, wurde recycelt und ersetzte die verseuchte Erde im Olympiapark. Darüber hinaus wurde auch der nahegelegene Fluss Lea restauriert, indem 300.000 neue Pflanzen und 2.000 einheimische Bäume gepflanzt wurden. Auch ein modernes Netz von Fahrradwegen wurde für die Besucher und Anwohner geschaffen.

Diese Maßnahme wirkt sich ebenso auf den ökologischen, wie auch auf den sozialen Bereich aus. Eine weitere Maßnahme mit positiven sozialen Auswirkungen ist die Rekrutierung von Ehrenämtlern für die Olympischen Spiele. 120.000 Personen wurden während der Spiele im Rahmen ihres Ehrenamts in verschiedenen Bereichen eingesetzt, wovon 40 % zum ersten Mal im Ehrenamt tätig wurden und von denen sicherlich ein gewisser Anteil erneut ehrenamtliche Tätigkeiten übernehmen wird.

Zusammenfassen kann gesagt werden, dass eine solche Veranstaltung stets eine hohe Belastung für die Umwelt darstellt und selbst das auf Nachhaltigkeit ausgerichteten Konzept der Olympischen Spiele 2012 einige Fehler aufwies. Beispielsweise wurde der Energiebedarf nicht wie geplant zu 20% aus erneuerbaren Energien gedeckt, sondern schlussendlich nur zu 10%. Auch die Verkehrssituation verlief nicht so autofrei und organisiert, wie vom Veranstalter geplant. Es kam zu starkem Verkehrsaufkommen und auch die Anwohner flüchteten vor dem Verkehrschaos aus der Stadt.

Dennoch sind die Olympischen Spiele 2012 ein gutes Beispiel dafür, dass eine solche Veranstaltung nicht ausschließlich negative Folgen für die Umwelt verursacht. Nachhaltige Planungsansätze und innovative Technologien können die negativen Aspekte solcher Veranstaltungen im hohen Maße minimieren und sollten als Beispiel dienen, an dem sich zukünftige Austragungsländer orientieren können, um den Aspekt der Nachhaltigkeit noch besser umzusetzen.

Da ökologische Belastungen nur minimiert und nie ganz vermieden werden können, sollten die Veranstalter zusätzlich anstreben, die negativen Folgen für die Umwelt durch positive soziale und ökonomische Aspekte aufzuwiegen und ein ganzheitlich nachhaltiges Konzept zu schaffen.

4 Digitale Vermarktung von Sportanlagen und Sportstätten

Tabelle 5: Maßnahmen 1 und 2 zur digitalen Vermarktung

Möglich-keit	Mehrwert Betreiber	Mehrwert Fans	Mehrwert Sponsoren
Online Shop und digitales Ticketing-System	• Erleichterter Kauf und Verkauf von Tickets und Merch • Leichtere Auswertungen der Verkaufszahlen • Größere Verkaufsreichweite	• Erleichterte Kaufverfahren • Simpler Einlass über QR-Code • Schneller Überblick über alle Produkte	• Simple Möglichkeiten, um Onlinewerbung zu schalten • Möglichkeiten über User Information gezielter Werbung zu platzieren
Home-page	• Personen, die im Internet recherchieren finden schnell Ergebnisse zum Verein, die selbst produziert werden können • Leichte Kommunikation von Spielen und Veranstaltungen an die Fans • Gute Möglichkeit das Team oder die eigenen Produkte wie Merchandise zu bewerben	• Schnellere Ergebnisse bei Onlinerecherchen • Eine Seite, die direkt zum Onlineshop, zur App und zu den Social-Media-Kanälen führt	• Direkte Verlinkungsmöglichkeiten zur eigenen Onlinevorstellung • Simple Möglichkeiten, um Onlinewerbung zu schalten • Möglichkeiten über User Information gezielter Werbung zu platzieren

Tabelle 6: Maßnahmen 3 und 4 zur digitalen Vermarktung

Möglich-keit	Mehrwert Betreiber	Mehrwert Fans	Mehrwert Sponsoren
Social Media	• Eine Möglichkeit die Reichweite und Bekanntheit zu erhöhen und mehr Fans generieren • Engerer Austausch und Bindung mit der Fangemeinschaft • Die Möglichkeit direktes Feedback zu erhalten und auch Umfragen einfach durchzuführen	• Nähe zum Team • Einblick hinter die Kulissen • Möglichkeit der direkten Kontaktaufnahme und Reaktion über kommentieren und liken	• Bewerbung von Kooperationsmaßnahmen • Erhöhung der Reichweite der eigenen Social Media Präsenz über Verlinkungen
Vereins-eigene App	• Mögliche Schnittstelle zum Ticketverkauf • Leichte Kommunikation von Spielen und Veranstaltungen an die Fans • Gute Möglichkeit das Team oder die eigenen Produkte wie Merchandise zu bewerben	• Guter Überblick über alle Spiele und Veranstaltungen • Komfortable Bedienung auf Mobilgeräten • Nähe zum Team	• Simple Möglichkeiten, um Onlinewerbung zu schalten • Möglichkeiten über User Information gezielter Werbung zu platzieren

Eine der vier Möglichkeiten, die im Rahmen der Digitalisierung ergriffen werden könnte, wäre die Implementierung eines Onlineshops, sowie eines Ticketing Systems. Dies würde neue Verkaufswege eröffnen und außerdem könnte durch diesen neuen Vertriebsweg die Reichweite erhöht werden, da der Kauf von Tickets und Merchandise nicht mehr örtlich und zeitlich gebunden ist und somit einen geringeren Aufwand bedarf. Darüber hinaus würde durch die Nutzung der Website eine Vielzahl Userdaten erfasst werden, welche für Zielgruppenanalysen genutzt werden, könnte und einen Vorteil in der Strategieplanung eröffnet. Auch die Sponsoren könnten von diesen User Daten profitieren, indem Werbung gezielter geschaltet werden könnte und man mehr Informationen über die Reichweite- und Zielgruppe des Kooperationspartner bereitstellen könnte, was die Entscheidungsfindung bezüglich der Kooperationen erleichtert. Außerdem bietet der Onlineshop selbst bereits einige Webefläche für die Sponsoren. Neben dem erleichterten Kaufverfahren ermöglicht der Onlineshop den Fans auch einen besseren Überblick über alle Produkte und erleichtert außerdem auch den Einlass bei Spielen, durch digitale Tickets.

Als Zweites käme der Aufbau einer vereinseigenen Homepage in Frage. Eine eigene Homepage hätte Vorteil, dass Personen, die online nach dem Verein recherchieren, direkte Informationen erhalten, die vom Verein selbst gesteuert werden könnten. Er hätte die Möglichkeit sich der Öffentlichkeit zu präsentieren und sein Image über die Website nach seinen Vorstellungen zu kommunizieren. Auch Veranstaltungen oder Spiele könnten über die Website übersichtlich dargestellt und auch beworben werden, ebenso wie das eigene Merchandise. Auch eine direkte Verlinkung zum Onlineshop oder anderen Seiten wäre auf der Homepage möglich, wie z.b. eine direkte Verlinkung zu den Sponsoren wodurch diese zusätzlichen Aufrufe generieren könnten.

Ebenso wie beim Onlineshop, würden durch die Nutzung der Seite auch Userinformationen generiert werden können, welche sowohl der Betreiber selbst als auch die Sponsoren für die Schaltung weiterer Werbung, sowie für Analysen und Entscheidungen nutzen könnten.

Die Fans würden von der Homepage insofern profitieren, dass es eine leicht zugängliche Plattform gäbe, auf welcher zuverlässige Daten über alle Themen rund um den Verein verfügbar sind.

Eine weiter Möglichkeit, welche das Konzept der Homepage noch etwas weiter ausbaut, wäre die Implementierung einer vereinseigenen App. Ähnlich wie auf der Homepage könnten die Betreiber hier alle Informationen rund um den Verein auf eine Plattform bringen, der Vorteil gegenüber der Homepage wäre jedoch das die App eine benutzerfreundlichere Alternative für Smartphone User darstellt, welche eine äußerst große Gruppe darstellen. Eine App lädt den User ein häufiger die digitalen Angebote des Vereins zu nutzen, da diese permanent auf seinem Handy präsent ist.

Final kann ein gut geplanter Social Media Auftritt des Vereins genutzt werden, um eine engere Bindung zu den Fans aufzubauen und diesen Einblicke in die Vereinskultur und Mentalität zu gewähren. Auch die Verbesserung des Images ist ein Möglicher Vorteil, den diese Maßnahme mit sich bringen könnte. Zudem wird die Kommunikation mit den Fans auf diesem Wege deutlich beschleunigt und erleichtert. Auch die Sponsoren, sowie Kooperationen und Aktionen können auf diesem Wege beworben werden.

5 Literaturverzeichnis

Dachs, B., et al., "Die wirtschaftliche Bedeutung des Sports in Österreich", IWI-Arbeits-
heft, 2000, (48).

Heinemann, K., Einführung in die Soziologie des Sports, Schorndorf, 1998

Mroß, M. (2011). *Betriebswirtschaftslehre: Eine Einführung für den öffentlichen Sektor.*
Wiesbaden: Springer Gabler.

Zeppenfeld, B. (2022). Umsatz der umsatzsteuerpflichtigen Sportvereine in Deutschland
von 2009 bis 2020(in 1.000 Euro). Zugriff am 01.11.2022. Verfügbar unter
https://de.statista.com/statistik/daten/studie/422168/umfrage/umsatz-deutscher-sport-
vereine/

6 Abbildungs- und Tabellenverzeichnis

6.1 Abbildungsverzeichnis

6.2 Tabellenverzeichnis

BEI GRIN MACHT SICH IHR WISSEN BEZAHLT

- Wir veröffentlichen Ihre Hausarbeit,
  Bachelor- und Masterarbeit

- Ihr eigenes eBook und Buch -
  weltweit in allen wichtigen Shops

- Verdienen Sie an jedem Verkauf

Jetzt bei www.GRIN.com hochladen
und kostenlos publizieren